LE DÉSESPOIR DE JOCRISSE,

COMÉDIE-FOLIE,

EN DEUX ACTES ET EN PROSE,

PAR LE CITOYEN DORVIGNY.

Représentée, pour la première fois, à Paris sur le Théâtre de la Montagne ci-devant de Montensier en 1792.

Prix, 1 liv. 10 sols.

A PARIS,

De l'imprimerie de CAILLEAU, rue Gallande, N.° 50. 1793.

L'an second de la République Française.

PERSONNAGES.

DUVAL, Commiſſionnaire en vins.

SOPHIE, ſa fille.

JOCRISSE, ſon Valet.

NICETTE, ſœur de Jocriſſe.

NICOLE, mère de Jocriſſe.

COLIN, petit-frère de Jocriſſe.

NICOLAS, couſin de Jocriſſe,

DUPONT père, ami de Duval.

DUPONT fils, amant de Sophie.

La Scène eſt dans une Maiſon de Campagne de Duval, près Paris.

Je ſouſſigné, déclare avoir cédé au Citoyen Cailleau les droits d'imprimer & de vendre *le Déſeſpoir de Jocriſſe, Comédie-Folie en deux Actes & en proſe*, me réſervant mes droits d'Auteur par chaque repréſentation qu'on en donnera ſur tous les Théâtres de Province. A Paris, ce 22 Février 1793, l'an ſecond de la République.

Par le Citoyen DORVIGNY.

LE DÉSESPOIR DE JOCRISSE.

ACTE PREMIER.

Le Théâtre représente le Cabinet de Duval. Il y a d'un côté un bureau & des papiers dessus; de l'autre, sur une petite table, est une cage & un serin dedans. (1) Sur une chaise est un panier de six ou huit bouteilles de vin; au fond de côté est une manière de buffet fermé, sur le haut duquel il y a quelques plats ou jattes en évidence.

SCENE PREMIERE.

DUVAL *est assis devant une table, & déjeûne avec un petit pain & une demi bouteille de vin, & Jocrisse est debout derrière lui.*

DUVAL *assis & mangeant.*

C'EST donc à dire, M. Jocrisse qu'il est inutile de vous reprendre, & d'espérer que vous vous corrigerez?

(1) Le serin doit être postiche & attaché à un fil d'archal, disposé de manière qu'il puisse à volonté sortir de la cage, & être censé s'envoler, &c.

JOCRISSE.

Eh pardine, si fait, Citoyen, je me corrige tous les jours... & pis d'ailleurs, queque j'ai donc encor tant fait; là! voyons...

DUVAL.

Qu'est-ce que vous avez fait?... qu'est ce que vous n'avez pas fait plutôt?..: vous faites tout mal.

JOCRISSE.

Eh bien oui, tout mal! c'est bientôt dit çà! v'là comme les maîtres sont tous; j'ai pas encor jamais pu en contenter un seul.

DUVAL.

Je le crois parbleu bien! & c'est une preuve comme vous êtes bon sujet... paresseux, mal adroit, mal-propre, gourmand...

JOCRISSE.

Ah! gourmand!... le Citoyen peut-ti dire çà de moi? tandis que je ne suis pas sur ma bouche du tout.

DUVAL.

Non: mais il ne faut rien laisser traîner toujours: & les œufs de nos poules, qui est-ce qui les deniche tous les matins?

JOCRISSE.

Ah, jarni! ça ne sera pas moi qui m'aura relevé pour çà, pisque Monsieur vient d'accuser que j'étais paresseux.

DUVAL.

Oui-da, la belle excuse!... (*A part.*) Voyez-vous la malice d'un imbécile!...(*haut*) Oui, Monsieur, oui, paraisseux pour travailler; mais quand il s'agit de mal faire, votre paresse se réveille; & vous sçavez très-bien allier à la fois tous les défauts les plus opposés.

JOCRISSE.

Allons, je les ai tous à c'theure-ci. (*A part*) Il faut laisser dire les maîtres, car on n'en finirait pas. (*haut*) C'est toujours pas moi qu'a mangé vos œufs ni vos poules.

DUVAL.

Bon! encore deux vices de plus que j'oubliais: c'est menteur & effronté.

JOCRISSE.

Encor çà !... Je suis donc ben joli garçon ?

DUVAL.

On le prendrait sur le fait de tout qu'il ne conviendroit de rien.

JOCRISSE.

Mais Jarni ! Monsieur, je ne peux pas convenir de vos œufs, moi, pisque je ne sçais seulement pas de queu couleur qui sont.

DUVAL.

Voyez-vous l'entêtement ! eh pourquoi donc est-ce que je n'en trouve pas un seul depuis quelque tems ?

JOCRISSE.

Dame ! je n'en sçais rien, moi. C'est p'têtre que les poules n'en font pas.

DUVAL.

Oh ! que si fait, les poules en font toujours... mais c'est que tu as le soin de les ramasser, toi ; & ce matin encor, je t'ai vu roder à l'entour du poulailler...

JOCRISSE.

Ce matin ?... ah ! pour roder... si le Citoyen m'y a vu... je ne m' dédirai pas... mais pour y avoir entré, si j'y ai tant seulement pensé, je veux ben que... (*il voit un verre de vin que Duval vient de se verser, il va le prendre.*) Tenez, Monsieur, je veux que ça me serve d'arsenic dans le ventre. (*Il l'avale.*)

DUVAL *en colere.*

Eh bien ! eh bien ! qu'est-ce que ce drôle-là fait donc ?

JOCRISSE.

Eh ! pardon, Citoyen, si j'ai bu dans vote verre ; c'est une mal-honnêteté... mais je vas le rincer : (*il prend la bouteille de vin, verse le reste dans le verre, le secoue, le jette, & remet le verre sur la table.*) Tenez, Monsieur, le v'là propre à présent.

DUVAL.

Allons, encor mieux !.. & je n'ai plus de vin dans la bouteille... du vin d'Espagne encor ! n'est-on pas bien malheureux d'être servi par un imbécile de cette naturelà!... Comment qualifier cette dernière extravagance ci, par exemple?

JOCRISSE.

Dame, Citoyen, je ne l'ai pas fait exprès.

DUVAL, *impatienté.*

Il ne l'a pas fait exprès à présent?

JOCRISSE.

Non, Citoyen... pas pour mal toujours... mais je vas vous aller chercher d'autre vin. Je sçais ben où cé que vous le mettez celui là.

DUVAL.

Oh, oui! tu prends garde à tout cela!.. mais j'espère que tu l'auras bientôt oublié. Voilà la dernière sottise que je souffrirai de toi. Je vas te faire ton compte & te renvoyer.

JOCRISSE.

Comment, mon compte!.. le Citoyen me renvoie comme çà pour rien donc?... parce que je l'y soutiens la vérité.

DUVAL.

Ce n'est pas la vérité qui me pique, c'est ta manière de la soutenir qui ne me convient pas.

JOCRISSE.

Mais dame, i ne faut pourtant pas se laisser accuser à tort non pus... J'aimerais mieux qu'on me batte, moi, que de m'ostiner déjà.

DUVAL.

Ah! prenez donc garde d'ostiner M. Jocrisse.

SCENE IX.

DUVAL, JOCRISSE, NICOLE, *une lettre à la main.*

NICOLE.

CITOYEN, v'là tune lette qu'on vient d'apporter.

DUVAL.

Voyons, donnez, Nicole... & tenez, vous venez à propos pour faire compliment à votre fils:

NICOLE.

Dessus quoi donc çà, not maître?

JOCRISSE, *à part.*

Ah, pardine oui! des complimens comme çà!...

DUVAL, *ouvrant toujours la lettre.*

Dessus ce que je le renvoie : vous pouvez lui faire vos adieux.

NICOLE, *à Jocrisse.*

Ah, bon Dieu! te renvoyer! queuque t'as donc encor fait, mon enfant?

(*Duval lit sa lettre bas.*)

JOCRISSE.

Bah! fait! . rien du tout : mais avec les maîtres, fauti pas toujours avoir tort?

NICOLE.

Mais, i ne te renverrait pourtant pas pour rien.

JOCRISSE.

Hé ben, c'est parce que ses poules n'ont pas voulu pondre; là!.. c'est ti ma faute à moi?

DUVAL, *ayant lu sa lettre.*

Voilà qui est fort heureux! & une lettre qui me fait bien du plaisir. Nicole, faites préparer mon cabriolet tout de suite; il faut que je sorte.

JOCRISSE.

Oui, oui, Citoyen, je vas vous arranger çà, moi. (*à Nicole.*) Ah, jarni! ça vient ben à propos pour déranranger sa colère, ste lette-là; ça va ly passer en chemin. Allons, je ne ferons pas encor note paquet de ce coup ci.

(*Il sort avec Nicole.*)

SCENE III.

DUVAL, *seul.*

ON me marque que la place que Derville sollicitait vient de lui être accordée, & que je peux lui en aller faire mon compliment... oh! oui, certes, je peux le lui faire:

car c'est justement pour moi qu'il la demandait, & même c'était la condition expresse du mariage de ma fille avec son neveu : mais il n'y a pas de tems à perdre ; Derville est actuellement à la ville avec mon cheval ; c'est l'affaire d'une petite heure pour l'aller prendre ; & delà nous irons remercier son protecteur : (*il prend son chapeau.*) Là peste ! je suis fâché que cela se trouve dans ce moment-ci. J'aurais voulu finir avec ce gueux de Jocrisse avant de m'en aller... Si je le laisse ici pendant mon absence, il va me faire encore quelque nouvelle étourderie. Voilà justement un panier de vin que je viens de faire tirer de cette excellente pièce de Bourgogne que je voulais envoyer à Derville demain quand il sera un peu reposé.... je suis sûr qu'il m'en boira : l'enfermer, c'est un embarras... & puis prendre un tas de clefs sur moi !... ah ! parbleu ! je m'avise ; oui, ce sera bien plus commode. Je ne l'enfermerai pas, & M. Jocrisse ne me le boira pas : j'en réponds. Il est encore plus bête que méchant ; un seul mot sera le préservatif. Sa naïveté de tout-à-l'heure, tandis que je déjeûnais, m'en fournit l'idée : (*il prend du papier, en déchire une petite feuille, & écrit dessus*) poison : bon ! puisque tu en as tant de peur, tu n'y toucheras pas. Mettons cela sur une bouteille : (*il fait une fente à la feuille & la passe au col de la bouteille.*) Du diable si M. Jocrisse osera les attaquer à présent ; me voilà tranquille sur cet article-là ; voyons à donner mes ordres à tout mon monde.

(*Il sonne à différentes reprises ; les trois domestiques viennent l'un après l'autre par différens côtés.*

SCENE IV.

DUVAL, JOCRISSE, *ensuite* NICETTE, *& après* NICOLE.

JOCRISSE.

De de quoi c'est-ti ?

NICETTE, *sortant d'une chambre à gauche.*

Qu'est ce que vous demandez, Citoyen ?

NICOLE, *venant du fond.*

Quoique y a, vote maite ?

DUVAL.

Bon ; vous voilà tous trois, c'est ce que je voulais ; j'ai de quoi vous recommander à chacun : vous dabord, Monsieur Jocrisse, mon cabriolet est-il prêt ?

JOCRISSE.

Oui-dà, Monsieur, & vote cheval aussi qu'est dedans même.

DUVAL.

Comment ! mon cheval qui est dans le cabriolet ?

JOCRISSE.

Non, Monsieur, dans le brancard ; qui vient de manger l'avoine encor...

DUVAL.

Manger l'avoine... tu devrais bien en manger aussi toi !... mais nous y reviendrons. (*Aux deux femmes.*) Ecoutez, mes enfans, & vous, M. le bon sujet...

LES FEMMES.

Oui, Monsieur.

JOCRISSE.

Oui : ah ! j'écoutons ben.

DUVAL, *à Jocrisse.*

Vous, vous êtes un drôle & un mauvais serviteur, que j'aurais dû déjà renvoyer vingt fois de ma maison.... & même que j'aurais mis à la porte ce matin, si cette lettre-là ne m'obligeait pas à sortir sur-le-champ...

JOCRISSE.

Oui, Citoyen, je le sçais bien ; vous avez dit que vous alliez partir tout de suite.

DUVAL.

Oui, mais j'ai dit aussi que tu méritais que je te misse dehors avant de m'en aller.

JOCRISSE.

Oh ! je le sçais ben, que le Citoyen me l'a déjà dit ; mais c'est par colère.

DUVAL.

Par colère, misérable !... Si j'étais susceptible de ce mouvement-là, tu ne resterais pas ici un quart-d'heure.

JOCRISSE.

Je le sçais ben, Citoyen, mais c'est par façon de parler que je veux dire.

NICOLE *bas, le poussant.*

Tai toi donc.

DUVAL, *à Jocrisse.*

Oui, tu as raison : cela veut dire que je te pardonne et toi jusqu'à mon retour qui sera dans une heure ou deux ; si d'ici à ce moment tu n'as pas fait quelque nouvelle sottise, sans quoi je te chasse sans miséricorde.

JOCRISSE.

Oh ben, c'est bon ! je suis ben tranquile à présent.

DUVAL.

Et moi je ne le suis gueres... mais tiens-toi ben à la première faute, tu me payeras tout.

JOCRISSE.

Hé ben, c'est dit : je m'y accorde.

DUVAL, *à Nicette.*

Vous, Nicette, je vous charge de veiller sur ma fille, de ne point la quitter de vue, & sur-tout de ne la laisser parler à personne.

NICETTE.

Oh ! Citoyen, v'là qu'est expliqué : je ne la quittera pas pus que son ombre.

DUVAL.

Bon ! & vous, mère Nicole, comme étant la plus raisonnable, ou du moins comme devant l'être, vous me répondrez d'eux tous : vous êtes la portière, & je vous défends de laisser entrer ici qui que ce soit pendant mon absence... ni sortir même pour plus grande précaution.

NICOLE.

Oh ben, mon bon maître ! vous pouvez ben être sûr qu'à moins que ça ne soit par-dessus les toits i n'entrera pas ici une ame vivante.

DUVAL.

A la bonne heure : voilà votre leçon faite à tous : le premier ou la première qui s'en écartera d'un iota, c'eſt fini : chaſſé ſans rappel.

TOUS LES TROIS.

V'là qui eſt bon, notre maître.

DUVAL.

Eh bien, ſi c'eſt bon, tenez-vous donc pour bien avertis... de tout... mais prenez garde quand je reviendrai ; car je vous réponds qu'il n'y aura pas la moindre miſéricorde : la ſentence eſt prononcée pour tout le monde... chaſſé ſans rappel.

(*Il ſort : les trois domeſtiques le regardent aller.*)

SCENE V.

NICOLE, JOCRISSE, NICETTE.

JOCRISSE, *quand il eſt parti.*

CHASSÉ ſans rappel !... il eſt brutal, dà, quand ys'y met !

NICETTE.

Pourquoi donc qu'il eſt en colère ?

NICOLE.

Ah ! parce que Jocriſſe eſt un étourdi qui ly en fait trop auſſi !... mais dans le fond, pourtant c'eſt un bon maître : & piſque je ſommes à ſon ſervice toute la famille, je devrions tâcher de nous y conſerver.

NICETTE.

Surement, car j'y ſommes ben.

JOCRISSE.

Oh, sûr ! ſi y nous renvoie, ça ſera ben ſa faute.

NICOLE.

Ça ſera la tienne putôt : tu ly fais toujours des ſottiſes ; tu vois ben qui s'en plaint.

NICETTE.

Ça n'est pas ben fait, mon frère; faut y regarder aussi.

JOCRISSE.

Ah ben oui, y regarder! est-ce qu'on y pense toujours?.. eh puis, est-ce que chacun ne fait pas les siennes? vous voyez ben qu'il n'a pas parlé pour moi tout seul... la sentence est pour tout le monde qu'il a dit.

NICOLE.

Oui, mais c'est toujours toi qui l'a fâché.

JOCRISSE.

Bah! c'est moi ste fois-ci; une aute fois c'est elle, & pis un aute coup ça sera vous, ma mère. Je ne sommes pas pus exempts les uns que les autres.

NICOLE.

Oui, mais c'est que ton tour revient le plus souvent à toi!

JOCRISSE.

Ah pardine surement: j'ai bon dos! mettez tous sus moi.

NICETTE.

Eh bon dieu! on ne te charge pas pus qu'un aute; mais c'est que t'es pus ahuri.

JOCRISSE.

Allons, encor une aute langue! t'es ben rassise toi! eh, vas-t-en putôt tenir compagnie à ta maîtresse qui s'ennuie dans sa chambre. Tu sçais ben que c'est pas ici ta place... i faut que je nétoye, moi.

NICETTE.

Ah! t'as pourtant raison une fois; mais c'est pas pour t'obéir que j'y vas, c'est parce que ste pauve demoiselle peut avoir besoin de moi... laissez-le, allez ma mère; car si vous le faites babiller-là, i ne finira rien ici, & i sera encor grondé quand Monsieur reviendra.

(*Elle rentre chez Sophie.*)

JOCRISSE.

Eh ben, tant-mieux! j'irai pas vous chercher pour répondre.

SCENE VI.

NICOLE, JOCRISSE, COLIN.

COLIN, *à Nicole.*

MA mère, y a t'un beau Citoyen à la porte, qui dit comme ça, qui demande après la portière.

NICOLE.

Un beau Citoyen !.. ah, jarni! queuque ça peut être? allons ben vite voir ça... & toi, Jocrisse, travaille ben, mon garçon, que note maite ne soit pas fâché contre toi....

(*Elle sort*)

SCÈNE VII.

JOCRISSE, COLIN, *pendant que Jocrisse se parle à lui-même, épouste les meubles du cabinet.*

JOCRISSE.

OH! qui soye fâché ou non, je sçais ben ce que je vas faire, moi. V'là déjà plusieurs fois qu'il m'a menacé de me renvoyer; i pourrait ben me prendre en traître, faut que je prenne une précaution... faut que je dise à mon cousin Nicolas de me chercher une condition, i fait des commissions là à la barrière. C'estun homme dans une belle place: ça voit entrer tout le monde dans Paris : i me proposera à toutes les voitures qui arriveront; y en aura, p'être quequ'une qu'aura besoin de moi, & je sortirai d'ici avant qu'on me mette à la porte... V'là qu'est dit: écoute, Colin,

COLIN.

Quoique tu veux, mon frère?

JOCRISSE.

Tu connais ben mon cousin Nicolas, qui demeure à la barrière, là sus le banc de pierre qu'est à gauche en retournant le coin,

COLIN.

Ah ben oui, contre le bureau ?

JOCRISSE.

Tout juste : va t'en ly dire comme ça, en courant, mon cousin Nicolas, c'est mon frère Jocrisse qui dit comme ça que vous y veniez parler tout-à-l'heure ben vîte.

COLIN.

Ah ben, c'est bon ; j'allons revenir ensemble nous deux lui (*Il s'en va en courant.*)

SCÈNE VIII.

JOCRISSE, *seul.*

C'EST ben pensé à moi, ça : car, à la fin, je m'ennuie d'être toujours grondé ; & pis toujours à la veille de se voir sur le pavé... & pis encor qu'il est brutal, mon maître... une fois qui se fâcherait ben fort ; c'est pas le tout de me chasser, mais c'est qu'il pourrait ben me donner une bonne sauce auparavant. Voyons un peu & par où que je vas commencer ; faut balayer la chambre d'abord... (*Il va prendre un balai dans un coin & se met à balayer... on entend un air de serinette, comme si le serin sifflait lui même ; & Jocrisse écoutant avec plaisir en se reposant sur son balai.*)

Quien ! v'là le serin qui chante !... c'est pourtant moi qui ly a appris tout ça ; car je chiffle tous les soirs... & pis qui parle encor... quasiment aussi ben que moi... voyons, faut que je le nétoye & que je ly donne à manger.

(*Il va à la cage & l'ouvre en lui parlant.*)

Baisez mon petit cœur, baisez mon petit fils... as-tu déjeûné, mignon ?.. oui, oui, oui... & de quoi ? du biscuit avec du suque... (*Il apporte la planche de dessous la cage & la nétoie auprès de la porte ; pendant ce tems l'oiseau s'envole par le moyen d'un fil d'archal qui répond à la cage, & va sur une armoire en face ; Jocrisse se retournant, voit partir le serin.*)

Ah, jarni! v'là le petit fils envolé: est-ce que je ly aurais laissé la cage ouverte donc, moi?... quien! quien! petit (*il l'appelle*) quien petit mignon... quien du biscuit... i faut pourtant le rattraper... (*il prend une chaise qu'il porte contre l'armoire, ensuite il prend la cage & monte sur la chaise; d'une main il présente la cage à l'oiseau; de l'autre il pousse des assiettes qui sont sur l'armoire; elles tombent & se cassent: l'oiseau s'envole d'un autre côté par le moyen d'une double ficelle, & disparaît par une fenêtre.*)

Ah! miséricorde! v'là le serin par la fenêtre, & la porceline cassée encor!... ah! j'allons avoir un beau sabat tantôt! mais je cacherons les morceaux de la porceline... M. Duval n'y pensera piêtre pas tout de suite; c'est le serin qu'il faut tâcher de ravoir... (*il regarde*) le v'là qui passe dans la cour!... ah, sarpedié! v'là le chat qui court après!... au chat!.. au chat!.. (*il sort en courant & criant au chat!*)

SCENE IX.

DUPONT *fils, venant du fond, suivi de* NICOLE *qui a l'air de le retenir.*

NICOLE.

VOUS voyez ben, Monsieur, que vous ne pouvez pas entrer ici dedans: c'est le cabinet de Monsieur.

DUPONT.

Mais si fait, ma chère Madame Nicole, il faut bien que j'y entre, puisque c'est M. Duval qui m'envoie vous dire de prendre un papier que je trouverai sur son bureau; (*il cherche*)... & tenez, voyez-vous, c'est justement celui là... oui, tout juste; & que vous alliez bien vîte chez son Notaire pour en faire faire un double, & moi je vais attendre ici que vous soyez revenue avec, parce que je le porterai ensuite à l'endroit où est M. Duval à présent.

NICOLE.

Mais je ne peux pas quitter, moi, puisqu'il m'a enjoint de garder la porte.

DUPONT.

Quand il vous a dit cela, il ne pensait pas à ce papier dont il a besoin.

NICOLE.

Hé ben, que ne le portez-vous vous-même chez le Notaire ?

DUPONT.

(*A part.*)

La peste! elle a raison!... (*Haut*) non pas: M. Duval m'a bien dit qu'il fallait que ce fut vous, parce que le Notaire vous demanderait des choses qu'il n'y avait que vous qui pouviez lui répondre.

NICOLE.

Ah, dame! si c'est comme ça, j'allons donc y aller... mais si y vient du monde après pendant que je n'y serons pas ?

DUPONT.

Oh bien, j'y aurai l'œil, moi.

NICOLE.

Aurez-vous ste complaisance-là, mon cher Monsieur?

DUPONT.

Oh, oui, pour vous faire plaisir.

NICOLE.

Ah! je vous en serons ben obligé!.. mais sur-tout ne laissez entrer personne au moin; car note Maître l'a ben défendu.

DUPONT.

Soyez tranquille; allez, je vous réponds de tout.

NICOLE.

En ce cas-là, v'là la clef de la porte que je vous remets. Venez la fermer dessus moi; j'allons courir ben vîte cheus le Notaire & vous rapporter ça. (*Elle sort avec Dupont.*)

SCENE X.

SCENE X.

NICETTE, *venant de la chambre de Sophie; elle a son fuseau & sa quenouille & file... elle regarde en entrant, & dit :*

HÉ ben non : i n'y a personne ici... qu'est-ce qu'al disait donc Mamselle, qu'al avait entendu une voix; i n'y en a pourtant pas... ah, dame! ste pauve demoiselle, ça s'ennuie; ça a toujours l'oreille en l'air; c'est pas comme moi, je travaillons & ça me dissipe. (*Elle rentre chez Sophie.*)

SCENE XI.

DUPONT *revenant.*

BON! voilà déjà une de nos sentinelles éloignée? J'ai guetté le moment où j'ai vu sortir M. Duval pour venir voir ma chère Sophie: j'ai supposé cette commission pour me débarrasser de la portière. Reste à présent la fille de chambre à gagner; elle est si ingénue qu'elle ne sera surement pas bien difficile. (*Il frappe à la porte de Sophie.*)

SCENE XII.

DUPONT, NICETTE.

NICETTE *arrivant.*

AH! ma fine, si fait; v'là queuque-zun de ce coup-ci; mamselle avait raison : de quoique vous voulez, Citoyen?

DUPONT.

Citoyenne, c'est M. Duval qui m'a chargé de venir dire quelque chose de sa part à Mademoiselle sa fille : n'est-ce pas là sa chambre? (*Il va pour entrer.*)

NICETTE, *le retenant.*

Oui-dà, Citoyen, c'est ben elle-même; mais avec vote permission, si vous plaît, on n'y entre pas comme ça.

DUPONT.

Pourquoi donc? puisque je vous dis que c'est son père qui m'envoye...(*Il essaye toujours à passer.*)

NICOLE, *l'arrêtant toujours.*

Ah ben mais, c'est égal. Monsieur est ben le maite de vous envoyer; mais i m'a défendu à moi de laisser entrer personne chez Mamselle; & personne n'y entrera déjà.

DUPONT.

Mais puisque c'est de sa part encor une fois.

NICETTE.

Oh! Citoyen, i n'y a pas de part qui tienne. Je ne veux pas être grondée pour vous, moi: i m'a défendu de laisser entrer personne là dedans, & personne n'y entrera.

DUPONT, *à part.*

Elle est entêtée... il faut voir à me retourner. (*Haut*) C'est fort bien fait à vous d'être exacte: vous avez raison; oui, je me rappelle qu'il ne m'a pas dit non plus d'entrer dans la chambre de Mademoiselle Sophie; mais il m'a dit que vous feriez venir la demoiselle ici, vous.

NICETTE.

Ah! s'il a dit ça, je le veux ben, moi; i ne me l'a pas défendu.

DUPONT.

Vous voyez que je cherche à vous mettre à l'abri de tout reproche... Dites donc à Mademoiselle Sophie que je desirerai avoir le plaisir de causer ici un instant avec elle.

NICETTE, *réfléchissant.*

Ah ben, mais causer avec elle!... ça ne se peut pas non pus, ça, Citoyen.

DUPONT.

Pourquoi donc? qu'est ce qui arrête encor?

NICETTE.

C'est que Monsieur m'a ben défendu aussi que je la laisse parler à qui que ce soit.

DUPONT, *à part.*

La peste soit de ses défenses!... (*haut.*) ah! oui; il me l'a dit aussi.... mais vous pouvez être assurée encor de ce côté-là : elle ne me parlera pas, elle; c'est moi qui lui parlerai, comme je vous dis, de la part de son père; mais elle n'ouvrira pas la bouche, elle.

NICETTE.

Ah! à la bonne heure si c'est comme ça, parce que, voyez-vous, j'ai si peur, si peur d'être grondée, que je fais tout juste ce qu'on me commande déjà, ni pus, ni moins... vous m'en serez témoin avec mon maite.

DUPONT.

Oh! oui, vous êtes une fille précieuse.

NICETTE, *appelle dans la chambre.*

Venez Mamselle Sophie; v'là un Citoyen qui vient pour vous parler de la part de M. vote père.

SCENE XIII,

SOPHIE, NICETTE, DUPONT.

SOPHIE, *entrant.*

UN Citoyen!... eh quoi! c'est vous M. Dupont?

(*Nicette va s'asseoir derrière & file.*)

DUPONT *fait des signes à Sophie pour la retenir.*

Oui, Mademoiselle.... vote père m'a prié de venir vous faire part.... (*Il profite du moment où Nicette prend une chaise pour dire vite & à demi-voix à Sophie.*) Je voudrais bien pouvoir vous dire deux mots sans témoins.

SOPHIE, *à Nicette.*

Ah! ma bonne! j'ai oublié mon mouchoir dans ma chambre.

NICETTE *se levant.*

J'allons vous le chercher, Mamselle: (*elle pose son ouvrage sur la chaise & rentre dans l'autre chambre.*)

SCENE XIV.

SOPHIE, DUPONT.

SOPHIE.

QU'AVEZ-VOUS donc à me dire de la part de mon père ?

DUPONT, *vivement.*

Rien, ma chère Sophie, ce n'est qu'un prétexte dont je me suis servi pour avoir l'avantage de vous entretenir. La crainte de vous perdre m'a fait tout entreprendre. Je sçais que votre père veut vous marier ces jours-ci au neveu de M. Derville ; & ce mariage me donnerait le coup de la mort ; mais, mon père, à qui j'ai fait part de mon désespoir, m'a dit qu'il avait un moyen assuré de faire manquer ce projet ; ainsi, voyez, ma chère Sophie, voilà le moment de me prouver la vérité de votre tendresse. Mon père ne s'en rapporte pas à moi ; il craint de vous compromettre en parlant à M. Duval ; il veut être assuré par vous-même que notre union sera votre bonheur, & il m'a répété qu'il n'attendait que votre aveu pour obliger votre père à consentir à notre mutuelle félicité... (*il voit Nicette.*) voilà Mademoiselle ce que M. Duval m'a chargé de vous dire.

NICETTE *rentre.*

Ma fine, Mamlelle, j'ons retourné tous les coins de la chambre, & je ne retouve pas pus de mouchoir que rien du tout.

SOPHIE *se fouillant.*

Ah que je suis donc étourdie !.. je l'ai dans ma poche... pardon de la peine que je t'ai donnée, ma chère Nicette !

NICETTE.

Oh ! je disions ben aussi qu'il ne pouvait pas être là-dedans, moi... (*elle voit les débris de la porcelaine & en ramasse en s'écriant.*) Ah ! mais ; qu'est-ce qu'a donc cassé çà,

Mamselle, la belle porcelaine à M. vote père?... (*elle voit la cage ouverte*) & la cage qu'est ouverte! & le serin qu'est envolé!... (*elle laisse tomber les morceaux d'assiette.*)

SOPHIE.

Ah! le pauvre petit!... va donc voir après...

NICETTE.

Ah, mon dieu! queuqueu note maîte va dire quand i sera rentré!..oh! comme mon frère va donc être grondé!... oh! Jocrisse. (*elle appelle.*) oh! mon frère!.. (*elle sort en criant & l'appellant.*)

SCENE XV.

DUPONT, SOPHIE.

DUPONT, *vivement.*

DÉCIDEZ-VOUS, ma chere Sophie! nous n'avons que cet instant, & vous voyez que tout nous favorise.

SOPHIE.

Eh bien, mon cher Dupont, vous ne doutez pas de mes sentimens, & vous pouvez en assurer votre père.

DUPONT.

Oui, mais je vous dis qu'il ne prend mes paroles que pour les transports d'un amant qui se flatte, & à moins qu'il ne l'entende de votre propre bouche...

SOPHIE.

Mais comment faire pour cela?

DUPONT.

Si vous aviez la complaisance de venir un instant...

SOPHIE.

Comment! moi! sortir de chez mon père en son absence! ah, Dupont! que me proposez-vous?

DUPONT.

Eh, ma chère Sophie! pouvez-vous balancer vous-même un moment?.. songez donc que c'est pour assurer notre bonheur, & vous arracher à un hymen qui vous rendrait pour jamais malheureuse ! la portière est sortie & m'a laissé la clef ; votre gouvernante est éloignée... deux mots, deux seuls mots que vous allez prononcer devant mon père, vont décider de notre sort ! sa maison touche presque à celle-ci, & vous serez revenue avant même qu'on se soit apperçu de votre absence.

SOPHIE.

Ah ! Dupont ! à quoi l'amour nous expose-t-il, quand une fois il sçu maitriser nos ames ?

(*On entend Jocrisse crier en-dehors*)

DUPONT *avec chaleur.*

Eh bien, ma chère Sophie, venez donc avant qu'on puisse s'opposer à notre départ, & je jure que mon père lui-même va vous ramener ici dans la minute.

SOPHIE.

Je vous estime trop pour ne pas vous croire. D'ailleurs je n'ai pas à rougir du sentiment que vous m'inspirez, & je consens à l'avouer à votre père, sortons.

(*Ils s'en vont ensemble.*)

SCENE XVI.

JOCRISSE *entre de l'autre côté essoufflé & désolé.*

AH ! jarni, la belle journée que j'entame-là, moi ! v'là ben mon année de gage payée en une matinée : outre le serin que je n'ai pas pu attraper, j'ai estropié le maudit chat... que c'est un angola superbe que mon maître aime à la folie... & pis le chien de chasse, qui m'a entendu crier après le chat, s'est mis à détaler à ses trousses, & pis au diable qui a pu ravoir ni l'un ni l'autre ; & pis la porceline que v'là toute décolée !... ah ! pauvre Jocrisse ! ton compte est bon, vas ; quand ton maite reviendra, n'y a pus de rémission pour toi, chassé sans rappel !... encor, je dis, chassé !... je serions ben heureux d'en être quitte pour ça !... i nous en menaçait pour la moindre chose qui disait...

Mais, à ſtheure-ci que v'là du pus ſérieux... y aura au moins cent coups de bâton de retour.... ah, miſérable! v'là mon dernier moment arrivé; où que je me fourrerai pour échapper ſa colère?... ah, jarni! ſi y avait une rivière en bas de la maiſon, j'irais me noyer pour être putôt quitte.

SCENE XVII.

NICETTE *rentre en croyant parler à Sophie.*

AH! par ma fine, Mamſelle, je n'avons pas vu le ſerin... eh ben mais... où eſt-elle donc, Mamſelle?... oh, Mamſelle!.. (*elle entre dans la chambre de Sophie en criant.*)

JOCRISSE.

Hé ben, queuqueu ma ſœur a donc à ſtheure?

NICETTE *reſſortant effrayée.*

Elle n'y eſt pas, ni lui non plus: (*elle traverſe le théâtre en s'écriant*) ah! mon dieu! mon dieu! (*elle ſort en courant.*)

JOCRISSE.

Comment, diante! eſt-ce qu'elle a laiſſé échapper queuque oiſeau auſſi?

NICETTE, *revenant plus troublée.*

Ah! je ſommes perdue!... i ſont partis tous les deux.

JOCRISSE.

Quoi donc que tu cherches comme ça, toi, ma ſœur?

NICETTE.

Eh, bon dieu! Mamſelle Sophie qu'eſt partie!

JOCRISSE.

Comment! alle eſt envolée auſſi, elle!

NICETTE.

C'eſt un jeune homme qu'eſt venu ici qui l'aura emmenée.

JOCRISSE *s'criant.*

Ah ben! nous v'là dans des beaux draps!... y en avait ben aſſez de ma part: à préſent que v'là ſa fille perdue auſſi: jarni! i va nous faire pendre.

NICETTE, *s'en allant encor.*

Faut que j'aille voir au jardin si i n'y serions pas.

(*Elle court dehors.*)

SCENE XVIII.

JOCRISSE *seul.*

AH ! pauvre Jocrisse ! i n'y a pus à s'en dédire; vas... t'es ben sûr de n'en pas revenir de celle-là.... (*il voit le panier au vin.*) Mais queuque c'est donc que ce panier là dessus ste chaise ?... c'est du vin apparemment que v'là là dedans encor... si j'étions gourmand pourtant, comme dit mon maître, ça serait ben là l'occasion d'en boire... aussi ben, quand i s'en appercevrait, i ne pourrait pas m'en arriver pire à présent.... queu vin que c'est encor ? car ici y en a de toutes les façons... du vin d'Espagne comme tantôt prêtre à son déjeûné.. (*il regarde les bouteilles & voit l'étiquette.*) ah ! v'là le nom qu'est dessus : voyons donc ça : (*il prend une bouteille & lit.*) Ah, miséricorde ! C'est de la poison ! Queu qui veut donc faire de ça ? (*Il la remet sur la table avec effroi.*) Ah ! mais je pense une chose, moi, dans mon délespoir !... Ça me vient ben à-propos ! Je voulois me noyer tout-à l'heure... Si j'attends mon Maître, i' me fera prêtre encore pus souffrir ; au lieu qu'avec ste bouteille là, je pouvons faire une fin pus aisée... Oui, v'là qu'est dit : faut nous empoisonner.

(*Il prend la bouteille avec vivacité.*)

SCÈNE XIX.

JOCRISSE, NICETTE.

NICETTE, *revient en pleurant.*

AH, que je sommes donc malheureux !... J'avons cherché par-tout le jardin & les appartemens ; il n'y a pus personne ! Mamselle est partie avec ce misérable engeoleur là.

JOCRISSE.

Ah ben, c'est fini aussi pour toi, va !.. Tu n'as pas aute chose à faire que de trinquer avec moi.

SCENE XX.

Les susdits : NICOLE *entre son papier à la main.*

NICOLE *parle déjà de dehors.*

QUOIQUE vous me chantez donc, Citoyen, avec vote Notaire & vote papier ?

JOCRISSE.

Quien ! v'là ma mère aussi !... Quoiqu'al chante donc elle-même ?

NICOLE *regardant de côté & d'autre.*

Eh ! je chantons.... Je demandons après ce jeune homme qu'est venu m'envoyer cheu le Notaire, & que je ly avons donné les clefs de la porte.

NICETTE.

Comment ma mère ! est-ce que c'est vous qui l'avez laissé entrer ici ?

NICOLE.

Et surement que je l'ai chargé de veiller à ma place.

NICETTE.

Ah ben, vous avez ben travaillé aussi vous !... il a enlevé la fille de note maite !...

NICOLE.

Ah, mon sauveur ! est-ti possible ?

JOCRISSE.

Ah, v'là ma mère qu'a son compte aussi !... V'là le dernier jour pour toute la famille.

NICOLE *éperdue.*

Mais, mais ; queuqueu vous me dites donc !à, vous autes ?

NICETTE.

Eh je dis, ma mère que je sommes perdus, & que c'est

vous la cause de tout. Vous teniez la porte, i ne fallait laisser entrer personne.

NICOLE.

Oh! que je sommes donc malheureuse d'avoir été si bonne!... Mais, mais, par où qui zavons donc passé?

JOCRISSE.

Bah! il n'y a pus à chercher ça à st'heure, allez... Not pus court à nous c'est de passer tretous par ste porte-là, tenez. (*Il leur montre la bouteille.*)

SCENE XXI.

Les susdits: COLIN.

COLIN.

Mon frère, v'là mon cousin Nicolas qu'arrive.

JOCRISSE.

Ah, le pauvre cousin! je n'avons pus besoin de lui à présent, ma condition est toute trouvée; mais c'est égal, s'il est de bonne amitié, i nous tiendra compagnie.. Ma pauvre mère! & vous, ma sœur, j'avons fait aujourd'hui des ben grandes sottises, & je n'avons pas de reproche à nous faire, pisque j'avons chacun la note... i n'y a pus de pardon à attendre de note maître déjà... mais j'avons un moyen de braver sa colère... Empottons ce panier, venez-vous-en avec moi dans le jardin, & si vous avez le courage de faire comme moi, je vous réponds que M. Duval n'aura pas le cœur de nous gronder tantôt.

(*Il prend le panier avec sa sœur, chacun d'une main, & ils s'en vont tous trois en se couvrant le front, & faisant de grands gestes d'un désespoir comique.*)

Fin du premier Acte.

ACTE SECOND.

SCENE PREMIÈRE.

DUVAL *seul: il entre très en colère; il pose sa canne & son chapeau.*

AH, ventrebleu! c'est bien la peine de me faire courir comme cela pour apprendre une mauvaise nouvelle... Le diable emporte Derville & celui qui m'a écrit la peste de lettre!... La maudite place est bien donnée, mais ce n'est pas à Derville, & par conséquent je n'ai qu'à m'en passer, moi... Au diable soient tous les gens qui se flattent comme cela de protections qu'ils n'ont pas!.. Aussi Derville aura mon vin comme j'ai eu sa place: & ma maison qui est bien gardée... j'ai frappé une heure à la porte, personne ne m'a ouvert, & si je n'avais pas eu une double clef sur moi, je n'aurais pas pu rentrer... La vieille Nicole dort apparemment?... mais ce gueux de Jocrisse aurait dû m'entendre... Pourquoi est-ce qu'il n'est pas ici, lui?. Ah, morbleu! qu'est-ce que je vois donc là?... (*Il pousse avec le pied les débris des assiettes.*) Dieu me pardonne, je crois que ce sont mes assiettes de porcelaine que ce malheureux-là m'a cassées. (*Il en ramasse*) Justement: ah, que je me repends de ne l'avoir pas chassé ce matin comme je le voulais avant de sortir!.. Voyez comme cette chambre est faite: tenez, tout est sans-dessus-dessous... Cette cage, qu'est-ce qu'elle fait là sur cette chaise?... (*il va pour la prendre*) eh bien, mais: elle est ouverte & le serin n'y est plus: ah, le misérable!... & le panier de vin, où est-il donc?... il a disparu aussi, je crois... Mais, mais, mais; qu'est-ce que tout cela veut donc dire?... Est-ce que le diable a passé dans ma maison pendant mon absence? (*il sonne & appelle à plusieurs reprises*) Jocrisse? holà, Jocrisse! le malheureux se sera sauvé après... Jocrisse.

SCENE II.

DUVAL, JOCRISSE *ivre*.

JOCRISSE *sans le reconnaître*.

HÉ ben, qu'est-ce donc qui fait ce tapage-là ici?

DUVAL.

Ah, le coquin! dans quel état le voilà?

JOCRISSE.

Parlez donc, voyons. Queuqueu vous demandez? êtes-vous un parent aussi?

DUVAL *plus en colère*.

Comment gueux! tu ne me reconnais plus?

JOCRISSE *se remettant un peu*.

Ah, ventergué, si fait... A la voix, je vois que vous êtes M. Duval; mais pour avec mes yeux, je n'y vois pus gueres.

DUVAL.

Je le crois bien, le scélérat: le voilà mort ivre.

JOCRISSE *ivre*.

Ah, oui, mort, bientôt. Je crois que ça n'tardera pas; car je ne nous sommes pas épargné.

DUVAL.

L'effronté coquin! d'oser paraître comme cela devant moi: je ne sçais qui me tient que je ne lui donne vingt coups de canne: (*il prend sa canne.*)

JOCRISSE.

Oh! i n'y a pas besoin de ça pour m'achever; allez... j'ai pris la dose assez forte pour qu'elle me finisse toute seule.

DUVAL *outré*.

Le gueux a bu mon vin, & il a encore l'impudence de

s'en vanter : (*il le prend au collet*) mais, misérable, que tu es !...

JOCRISSE.

Oh, Monsieur, c'est égal, quand vous vous fâcherez, pour le peu de tems que j'ai encor à vivre, je ne crains pas vote colère.

DUVAL.

Mais, qu'est-ce qui t'a pu conseiller une sottise aussi hardie ?

JOCRISSE.

Personne ne m'a conseillé, c'est moi-même qu'a pris mon parti. Quand j'ai vu que j'avais manqué à un aussi bon maître que vous, j'ai dit faut se punir soi-même. J'ai trouvé là le poison que vous aviez laissé, & j'en ai bu & rebu jusqu'à ce que je sois tombé sous la table.

DUVAL, *à part*.

Ah, mal-adroit que je suis ! c'est justement la précaution que j'ai voulu prendre qui m'a trahi : je ne m'étonne plus qu'il ait tout cassé après.

JOCRISSE.

Après ! non, Monsieur, c'est avant que j'ai cassé.

DUVAL.

Mais, mais, explique-moi donc tout cela, si tu peux.

JOCRISSE.

Ah ! c'est ben aisé, Monsieur.. (*pleurant*) Vous sçavez ben d'abord vote serin ?..

DUVAL.

Eh bien, je ne vois que trop qu'il n'y est plus.

JOCRISSE.

Oui, Monsieur, en nétoyant sa cage, i s'est envolé.

DUVAL.

Encor un beau tour que tu m'as fait là !

JOCRISSE *pleurant plus fort*.

Vous sçavez ben vot porcelaine qu'était là haut... En voulant courir après le serin, je l'ai fait descendre jusqu'à terre.

DUVAL.

Oui, j'ai vu tous ces chefs-d'œuvres-là.

JOCRISSE.

Vous sçavez ben vote chat angola ?...

DUVAL.

Hé bien, quoi ! mon chat... Est-ce qu'il lui est arrivé quelque chose aussi ?

JOCRISSE.

Comme il allait pour déjeûner avec le serin, je ly ai jetté un coup de bâton, & j'y ai cassé une jambe sans le vouloir.

DUVAL.

Ah, l'enragé !... Tu mériterais que je t'en cassasse deux à toi !

JOCRISSE.

Vous sçavez ben vot beau chien de chasse que vous aimez tant, tout moucheté ?..

DUVAL *s'impatientant tout-à-fait.*

Encor ! mais c'est donc un sort qui a tout retourné ici ?

JOCRISSE.

En courant après le chat, il est sorti de la maison & i s'est perdu...

DUVAL *levant la canne sur lui.*

Ah, le misérable ! je vais l'assommer tout-d'un-coup crainte d'en apprendre d'avantage.

JOCRISSE.

Hé, Monsieur, ayez un peu de patience. Je vous dis que je ne peux pus aller loin... (*il fait un hocquet*) Tenez, v'là déjà les hocquets de la mort qui me prennent !

DUVAL *le repoussant.*

Ote-toi de devant moi, malheureux ; car je n'aurais pas la force de me retenir plus long-tems ; mais je m'en vais laver la tête à ta mère pour ne t'avoir pas empêché de faire toutes ces sottises-là...

JOCRISSE.

Ah ! ne ly dites rien non pus à elle ; la pauve bonne femme ! elle est aussi avancée que moi.

DUVAL.

Qu'est-ce que tu veux dire, aussi avancée que toi ? est-ce qu'elle aurait eu aussi l'effronterie d'en boire ?

JOCRISSE.

Ah! mon dieu oui, Monsieur; elle est empoisonnée aussi.

DUVAL.

Miséricorde! comme mon vin a donc dansé! cette vieille folle; tenez... Mais ta sœur au moins, aurait dû vous retenir.

JOCRISSE.

Ma sœur!... Oh! elle a sa dose aussi, celle-là.

DUVAL.

Comment! ta sœur en est encor?

JOCRISSE.

Oui, Monsieur, toute la famille est détruite: j'étions tretous coupables, je nous sommes tretous punis.

DUVAL.

Eh! mais, comme cela, tout le panier y a donc passé?..

JOCRISSE.

Oh! tout entier. Il n'en a pas resté une goutte: j'étions si piqué de vous avoir manqué, que je n'avons pas voulu risquer d'en revenir, jusqu'à mon petit frère... & pis encor un de mes cousins qui nous a tenu compagnie même.

DUVAL.

Que le diable soit de la maudite famille!... Toute la pièce entière n'y aurait pas suffi!... Il ne manquerait plus que ma fille s'en soit mêlée aussi.

JOCRISSE.

Ah! oui, comme vous dites, & c'est ça qui a fini la pièce.... Mais c'est le jeune homme qui l'a emmenée ste pièce-là.

DUVAL *confondu.*

Comment, ma pièce est partie aussi!... Ah! c'est un peu trop, par exemple!... Eh, qui donc l'a emportée?

JOCRISSE.

Dame! c'est un jeune homme qui est venu de vote part, à ce qu'a dit ma mère.

DUVAL.

Ta mère est une extravagante: je n'ai envoyé personne.. Les scélérats s'entendaient tous; le complot était arrangé avec la mère & la sœur ; ils ont tous donné les mains à me faire voler.

JOCRISSE.

Pas du tout, Monsieur : je nous lavons les mains de ça, nous... Je n'avons fait d'aute mal que d'avoir laissé entrer ce jeune homme.

SCENE III.

Les susdits : DUPONT *fils.*

DUPONT.

OUI, Monsieur, c'est la vérité : je dois rendre témoignage à l'innocence de vos domestiques : cest moi seul qui l'ai emmenée, & aucun d'eux n'a été d'accord avec moi.

DUVAL.

Comment, Monsieur ! c'est vous ?....

JOCRISSE.

Ah ! c'est ben heureux que nous v'là lavés de celle-là ! à stheur-ci, Monsieur, je m'en vas chercher ma famille, afin qu'avant de mourir, vous nous pardonniez le seul tort véritable que j'avons eu le malheur de vous faire.

(*Il s'en va.*)

SCENE IV.

SCENE IV.

DUVAL, DUPONT *fils*.

DUVAL.

QUOI! Monsieur, vous !... Un jeune homme que j'ai cru honnête ! il a pu entrer dans votre ame de me faire un vol comme celui-là ?

DUPONT.

Monsieur ce n'est point à titre de vol assurément que je l'ai emmenée...

DUVAL.

Ce n'est pas à titre de vol !... Ce sera à titre de plaisanterie apparemment ?.. Et où l'avez-vous menée enfin ?

DUPONT.

Elle est chez mon père, Monsieur.

DUVAL.

Ah ! chez votre père !.. Eh bien, il m'en répondra, lui... (*A part.*) Ainsi que des frais de transport, & du déchet, s'il y en a.

DUPONT.

Ah, Monsieur ! mon père qui se flatte d'être votre ami, m'a assuré que vous consentiriez à m'en laisser la possession.

DUVAL.

Votre père vous a assuré cela ?.... (*A part.*) Oh! s'il me la paye bien, nous verrons. (*Haut.*) Vous l'aimez donc beaucoup ?

DUPONT.

Si je l'aime ! ah, Monsieur, au-delà de toute expression.

DUVAL.

Peste ! vous n'êtes pas dégoûté !... Et votre père ne la hait pas non plus à ce qu'il paraît.

DUPONT.

Ah, Monsieur! outre que tout le monde doit naturellement l'aimer, mon père se fait un double plaisir d'acquiescer à mes desirs sur ce point.

DUVAL.

Votre père est bon !... Mais cela ne me regarde pas... pourvu qu'il m'en paye ce que je veux en avoir... Vous conviendrez toujours que c'est une jolie façon d'entamer les marchés, de commencer par s'emparer de la marchandise.

DUPONT.

Marchandise !... Ah, Monsieur ! quel nom lui donnez-vous ?... La crainte de la voir passer au pouvoir d'un autre m'a seule inspiré cette démarche qui pourrait paraître inconséquente, si mes intentions ne la justifiaient.

DUVAL.

Une belle justification !... Enfin, vous l'avez toujours... Voilà l'essentiel... Eh! dites moi, l'avez-vous déjà goûté?

DUPONT.

Goûté! moi!... Que voulez vous dire?

DUVAL.

Sans doute... Ou bien si c'est votre père qui en fera le prix?

DUPONT.

Le prix, dites-vous?.. Monsieur, mon père & moi la regardons comme impayable.

DUVAL.

Oh, certainement vous n'en trouveriez pas de pareils... Mais enfin chaque qualité a son taux.

DUPONT.

Les qualités!... Ah, je suis persuadé qu'elle les a toutes.

DUVAL.

Pardonnez-moi. Je ne veux pas vous tromper. Pour la couleur, d'abord, elle n'est pas bien claire, elle tire un peu sur le paillet.

DUPONT.

Comment sur le paillet?

DUVAL.

Oui, oui, mais ça a du corps, c'est moëleux & la grande mesure....

DUPONT, *à part.*

Que diable, est-ce qu'il me bat la campagne?... Pardon, mon cher Monsieur, de quoi me parlez-vous donc à présent?

DUVAL.

Eh parbleu! je vous parle de cette pièce de vin de Bourgogne que vous êtes enragé d'avoir.

DUPONT.

Moi, Monsieur!... Eh, c'est de Mademoiselle votre fille que je vous parle.

DUVAL *démonté.*

De ma fille! en voilà bien d'une autre!... Comment, Monsieur!... Est ce que ce serait ma fille qui serait chez vous?

DUPONT.

Oui, Monsieur, elle-même.

DUVAL, *s'écriant avec un redoublement de colère.*

Ma fille! ah, ventrebleu! voilà le coup de grace; il ne me manquerait plus que ma maison fût brûlée. Fiez-vous donc à des domestiques!... Mais, Sophie. Sophie, elle-même!.. Une fille que j'aimais!.. être capable de suivre un étranger!.... de fuir! d'abandonner son père!.... Ah, ciel!...

SCÈNE V.

LES SUSDITS; SOPHIE *entre & se jette aux genoux de son pere.*

SOPHIE.

Non, mon père... non, votre fille ne vous a pas fui. Un ami respectable a voulu entendre deux mots de sa bouche; elle a cru ne pouvoir se refuser à son invitation; mais elle revient se rendre à votre autorité, & se recommander à votre tendresse.

DUPONT.

Ah, Monsieur! que l'amitié, que la nature vous engagent à ne pas faire un reproche à Mademoiselle d'une démarche innocente, dont toute l'irrégularité devrait retomber sur moi, si mon père ne vous en obtient pas le pardon.

DUVAL.

Votre père, Monsieur!... eh quel droit a-t-il de vouloir régler les affaires de ma famille?... (*A Sophie.*) Rentrez chez vous, Mademoiselle... & j'espère désormais prendre mieux mes précautions pour que vous n'en puissiez sortir sans ma permission. (*Sophie rentre dans sa chambre.*)

SCENE VI.

JOCRISSE *vient de l'autre côté avec sa mère, sa sœur & le petit Colin; ils se mettent à genoux devant Duval.*

JOCRISSE.

MON cher maître! v'là toute une famille désolée qui n'a pas voulu expirer sans être sûre que vous n'avez pas de rancune contre nous; & v'là nos derniers soupirs que nous venons de rendre entre vos bras.

NICOLE *étourdie.*

Oui, mon bon maître: je vous demande pardon du Monsieur que v'là. (*Montrant Dupont.*) C'est moi qui la laissé entrer par le moyen de vote papier qui m'avait envoyé chez le Notaire.

NICETTE *de même.*

Et nous, mon cher Monsieu, j'avons laissé sortir vote fille, parce que la cage était ouverte, à cause du serin qu'était envolé...

consens à recevoir ma danse ; je sçais que je la mérite.

DUVAL, *se retenant malgré lui.*

Allez-vous-en, malheureux ! allez tous faire vos paquets ; & que je ne vous revoie plus ni les uns ni les autres.

NICOLAS.

Allons, mes amis, il faut battre en retraite. J'y avions pourtant été de bon jeu, bon argent... Mais, pisque je n'en mourrons pas ; ce que j'avons de mieux à faire à présent, c'est d'aller dormir par-dessus stalerte-là. (*A Duval.*) Bonne nuit, note Bourgeois, & sans rancune.

(*Tous les autres lui tendent les bras.*)

Adieu, note Maite, note bon Maite, note cher Maite....

DUVAL *les repoussant.*

Allez-vous-en tous au diable, je vous dis, & débarrassez-moi de vous.

(*Ils sortent tous ensemble en faisant de grandes démonstrations.*)

SCENE IX.

DUVAL, DUPONT *pere*, DUPONT *fils.*

DUVAL *à Dupont pere, &c.*

ACTUELLEMENT, c'est à nous autres, Messieurs : nous avons une explication plus conséquente à avoir ensemble.

DUPONT *pere.*

Oui, mon cher Duval, & je viens exprès pour te la donner.... Premièrement, rappelle-toi la place que tu faisais solliciter par ton M. Derville...

DUVAL.

Oui, un beau solliciteur; & une belle course que je viens de faire: si je connaissais celui qui m'a écrit la maudite lettre pour m'envoyer lui faire des complimens...

DUPONT *pere.*

C'est moi-même, mon ami: mais je te devais cela pour ton obstination à vouloir te confier dans un être aussi inutile que Derville.. Au surplus, console-toi; c'est moi qui l'ai obtenue la place, & j'en ai fait expédier le brevet en blanc, de sorte que j'en puis disposer; ainsi pour terminer en bref, d'après la déclaration que mon fils m'a fait de son amour pour ta fille, & l'aveu que je viens d'obtenir d'elle même, je te la demande pour lui.

DUPONT *fils.*

Eh, Monsieur! daignez combler les vœux de l'amant le plus tendre.

DUPONT *pere lui montrant des papiers.*

Allons, voyons.. Décide-toi... Tiens, voilà un contrat de mariage, & voilà le brevet de la place. Troc pour troc, mon vieux ami: signe l'un, je signerai l'autre, & nous serons tous contens.

DUVAL.

Oui, sauf que j'en ferai toujours pour ma porcelaine, mon vin, mon oiseau & mon chien de chasse.

SCÈNE X.

Les susdits; JOCRISSE *dégrisé.*

VIVAT, note Maite! v'là des bonnes nouvelles que je vous apportons; vote chien est revenu, & pis vote serin est chez la voisine qui dit comme ça qu'on aille le chercher avec sa cage.

DUVAL.

Allons, je ne perdrai pas tout du moins. *(A Dupont pere)* Je vois qu'il faut me décider ; touche-là, toi ; c'est un marché fait. Nous allons signer les deux papiers. *(A Dupont fils.)* Vous, Monsieur! puisque cela tourne ainsi, je ne peux plus vous en vouloir. Allez annoncer à Sophie cette nouvelle, dites-lui que je lui rends sa liberté, souvenez-vous qu'actuellement le soin de garder la chambre ne regardera plus que vous. *(Dupont fils entre chez Sophie.)*

SCENE XI & dernière.

DUVAL, DUPONT *pere*, JOCRISSE.

DUVAL.

DIEU merci, la journée finit plus heureusement pour moi que je ne le croyais.

JOCRISSE.

Eh bien, note Maitre, en l'honneur de ce bonheur là qui vous arrive, est ce que vous ne nous pardonnerez pas ben ce poison que j'avais avalé tantôt ?

DUPONT *pere*.

Si fait, si fait... *(A Duval.)* Mon ami, je demande une amnistie générale & je te rendrai autant de bouteilles de vin de bourgogne qu'ils en ont bu.

DUVAL.

Eh bien soit. *(A Jocrisse.)* Je vous l'accorde.

JOCRISSE.

Grand merci, Monsieur.

DUVAL.

Tu n'as donc plus peur d'en mourir ?

JOCRISSE.

Oh! [illegible] ; me v'là ben raſſuré de ce côté-là : mais i me reſte encore une aure peur... & qu'eſt ben pus inquiétante... (*Au Public.*) C'eſt de votre part, Meſſieurs. Je connaiſſons encore une maladie; c'eſt celle-là, de vous déplaire!... Vous cauſer de l'ennui, c'eſt vraiment là le poiſon ſans remède.

FIN.

www.ingramcontent.com/pod-product-compliance
Ingram Content Group UK Ltd.
Pitfield, Milton Keynes, MK11 3LW, UK
UKHW032013260826
14628UKWH00005B/2477